Jan Probst

Symbole
Zeichen des Glaubens

Agentur des Rauhen Hauses Hamburg

Inhalt

Die Symbole
Schlüssel des Lebens 4

Der Anker
Was gibt mir Halt? 6

Das Dreieck
Das Geheimnis Gottes 10

Symbole Gottes

Die Hand
Gott behütet mich 14

Die Schlange
Ich lebe in einer gebrochenen Welt 18

Der Regenbogen
Gott bewahrt seine Schöpfung 22

Symbole Jesu

Das Christusmonogramm
Bekenntnis zum Gottessohn 26

Das Lamm
Für uns gestorben und auferweckt 30

Der Hirte
Christus führt durch das Leben und bringt mich in die Ewigkeit 34

Symbole des Heiligen Geistes

Die Taube
Zusage des Heiligen Geistes 38

Der Weinstock
Aus dem Glauben leben - Gemeinschaft leben 40

Das Schiff
Die Kirche im Meer der Zeiten 44

Die Symbole

Schlüssel des Lebens

Das Wort *Symbol* leitet sich vom lateinischen „symbolum“ ab, welches auf das griechische „symbolon“ zurückgeht, das „zusammenbringen“ bedeutet. Gemeint war damit ein Erkennungszeichen unter Freunden. Ein Ring wurde in Teile gebrochen, von denen jeder Partner ein Stück bekam. Trafen sie sich nun und fügten die Teile aneinander, so wurde deutlich, dass sie zusammen gehörten. Das Symbol war also ursprünglich ein Erkennungszeichen. Seit etwa dem 16. Jahrhundert wird der Begriff im Deutschen verwendet, vom 18. Jahrhundert an in der Bedeutung „Sinnbild“ oder auch einfach für „Zeichen“.

Wenn wir unser Leben verstehen wollen, wenn wir unserem Dasein auf den Grund gehen, dann brauchen wir Bilder, Zeichen und Symbole.
Wir begreifen sehr bald, wenn wir über uns nachdenken, dass Worte nicht ausreichen.

Bilder und Symbole dagegen sind in der Lage, unser Leben zu beschreiben und darüber hinaus zu gehen. Die ersten Zeichnungen, in den Felsen geritzt, auf die Wand gemalt, hatten etwas Magisches. Dieser Zauber ist über Jahrhunderte nicht gewichen und er scheint ihnen bisweilen heute noch innezuwohnen.
Symbole lassen etwas von dem tiefen Grund ahnen, in den unser Dasein hineinreicht. Wir können ihn nicht fassen und begreifen, aber wir erahnen ihn.

Die Symbole versuchen das Wesentliche in Bilder zu fassen. Sie erzählen von unserer Herkunft, den Kämpfen und Bewährungen, dem Kommen und Vergehen, sie scheinen etwas von der Zukunft und der Ewigkeit zu wissen.

Symbole sind bisweilen die ersten Spuren, die wir vom Menschen finden. Sie begleiten ihn durch die Zeit. Wir entdecken sie in der Steinzeit, die wir oft genug als primitiv bezeichnen, ebenso wie in den Hochkulturen, die wir heute noch bewundern. Sie sind zu allen Zeiten und an allen Orten zu finden und stimmen dabei oft genug seltsam überein. Sie begegnen uns auf Schritt und Tritt, in den Kirchen und auch in anderen Gebäuden, wir entdecken sie in Büchern und manchmal einfach am Wegesrand, sie finden sich überall im Alltag. Sie gehören zur Sprache des Lebens.

Symbole beschreiben, was nicht sagbar ist. Sie stellen dar, wovon wir uns eigentlich kein Bild machen können. Sie lassen uns in das Unergründliche schauen und weisen uns zugleich auf den Grund hin, der uns leben, kämpfen, lieben und auch glauben lässt.

Das Christentum hat die Sprache der Symbole in seinen Glauben aufgenommen, in seinen Bildern begegnen wir ihnen immer wieder. Selten aber hat es sie einfach übernommen, meist hat es sie neu gedeutet, hat sie zu Zeichen eines Glaubens gemacht, der in Jesus Christus Heil und Rettung gefunden hat; der in dem Gottessohn Anfang, Mitte und Ende der Welt und des eigenen Lebens erkennt.

Der Anker

Was gibt mir Halt?

Das Mittelmeer war die Welt der Antike, sie war der Lebensraum der ersten Christen. Mit den Schiffen durchkreuzten sie die Meere und trugen die Botschaft des Evangeliums zu den Völkern. Neben Jerusalem wurden bald auch Alexandria und Antiochia wichtige christliche Zentren. In ihnen blühte der Handel. Menschen aus den unterschiedlichsten Regionen trafen sich hier, tauschten Waren, wurden reich und suchten doch mehr als Wohlstand. Sie hörten von fremden Religionen und hörten auch die Nachricht von Christus, dem Gekreuzigten und Auferstandenen. Sie nahmen diese Botschaft mit in ihre Heimat.

Wer sich auf das Meer hinauswagt, der muss der Gefahr ins Auge sehen können. Wie schnell können die Winde die ruhige See in ein stürmisches Meer verwandeln, das mit dem Schiff nur so spielt und es im nächsten Augenblick verschlucken kann. Die auf dem Meer unterwegs sind, kennen die Angst um das Leben.
Sie kennen die Angst vor den Tiefen,
in die sie gerissen werden können.
Sie sind allein auf dem Meer, am Horizont ist kein Land zu sehen, kein sicherer Hafen, der sie schützt und birgt.

Wie sehnen sie sich danach, wie sehr hoffen sie, wie laut und verzweifelt sind ihre Gebete. Den rettenden Hafen erreichen, dort den Anker auswerfen, das ist ihr dringlichster Wunsch.
Die großen Hafenstädte Alexandria und Antiochia tragen nicht zufällig einen Anker als Symbol in ihren Wappen. Diese Metropolen waren das Ziel unzähliger Reisender, ihre Häfen verhießen nicht nur Wohlstand, sondern auch Sicherheit.
Wer unterwegs war, der war abhängig vom Wissen, von der Erfahrung und dem Geschick der Seeleute. Aber in den Stürmen des Mittelmeeres waren auch sie hilflos, da hofften sie mit der gesamten Mannschaft das rettende Ufer zu erreichen und den Anker auswerfen zu können. Davon hing ihrer aller Leben ab.
Der Anker wurde zum Symbol des Lebens und des Überlebens, man setzte es als Zeichen auf die Gräber von Seeleuten und Fischern.

Für die Christen aber erhielt der Anker noch eine ganz eigene Symbolkraft. Sein mächtiger Querbalken gab ihm das Aussehen eines Kreuzes. Es verwundert daher nicht, dass dieses Zeichen bei den ersten Christen besonders beliebt war.

Besonders in den Zeiten der Verfolgung fand es als getarntes Kreuz seine Verwendung. Und galt es der Umwelt als Symbol für Sicherheit und Halt, bekam es für die Christen zugleich die Bedeutung von Erlösung und Hoffnung. Sie mussten um ihr Leben bangen, sie hatten immer den Tod vor Augen, da gab ihnen der Glaube Sicherheit. Und würden sie auch getötet werden, das Kreuz versprach ihnen ein Überleben, ein Leben in einer anderen Welt.

Die Hoffnung ist ein sicherer und fester Anker unserer Seelen, heißt es im Hebräer-Brief. Der Anker wird zum Symbol der Hoffnung. Man findet ihn auf christlichen Gräbern, nun nicht mehr als Zeichen des Berufsstandes, sondern als Ausdruck des Glaubens an den Erlöser.

Als das Christentum zur Staatsreligion erklärt und das Kreuz zum Zeichen des Kaisers erhoben wurde, verschwand auch der Anker immer mehr aus dem Bewusstsein der Gläubigen.

Wenn künftiges Ungestüm
der Schiffmann bald vermerket,
den Anker senkt er ein
und hilfet sich damit.
Also, wenn eine Seel'
auf Gottes Trost sich stärket,
Kreuz, Trübsal oder Angst
sie kann bewegen nicht.

Wolf Helmhard von Hohberg
1612 -1688

Das Dreieck

Das Geheimnis Gottes

In alter Zeit war das Dreieck das Symbol für Licht, galt doch die Drei als Zahl des Himmels. Der Grieche Protagoras erkannte in dieser Form ein Bild der Gottheit, seine Schule sah in der Drei das Grundprinzip aller Dinge. Die Zahl symbolisierte für sie Anfang, Mitte und Ende, denen alles unterworfen war.

In Ägypten bildete das Dreieck die Grundform der Pyramiden. Sie sind nicht unbedingt zuerst Ort der Bestattung und des Todes, sondern vor allem die Stätte, in der sich die Einheit von göttlicher und irdischer Wirklichkeit vollzieht.

Im jüdischen Denken wurden zwei ineinander geschobene Dreiecke zum Symbol der Bundestreue Gottes; Irdisches und Himmlisches gehen einen Bund miteinander ein.

Auch in der Antike verkörperte das Dreieck die Einheit göttlicher und irdischer Lebenswelt. Ihre Form prägte den griechischen Tempelbau.

Das Christentum zeigte eine anfängliche Scheu, das Zeichen des Dreiecks zu übernehmen. Als die Sekte der Manichäer es zu ihrem Zeichen machte, verwarf der Kirchenvater Augustin es ausdrücklich.

Dennoch setzte es sich schon früh durch, fand als Zeichen mit Christusmonogramm für die Neugetauften Verwendung, war aber auch auf Friedhöfen und in Kirchen anzutreffen.

Seine Hochblüte hatte das gleichseitige Dreieck als Gottessymbol allerdings erst sehr spät, in der Barockzeit entdeckte man dafür eine große Vorliebe.

In die Mitte wurde entweder das Tetragramm für Jahwe eingetragen oder auch das Auge Gottes eingefügt, das seine Gegenwart und Weisheit ausdrücken sollte.
Bisweilen wurde die Hand oder das Haupt eingezeichnet, in manchen Fällen auch Alpha und Omega.

In Jesus Christus wohnt die ganze Fülle des Lebens, sollte damit ausgesagt werden. Die drei gleichlangen Seiten des Dreiecks galten den Christen als Hinweis auf die Dreieinigkeit. Um das Gleichgewicht und die Einheit der drei göttlichen Personen deutlich zu machen, wählte man auch das Symbol drei sich überschneidender Kreise.

Aus Irland brachten die Mönche das Kleeblatt als Zeichen der Trinität auf den Kontinent. Daneben wurden auch die Personen selbst dargestellt, wie etwa im Gnadenthron: Gottvater trägt den Gekreuzigten Christus, zwischen beiden schwebt der Heilige Geist als Taube.

Wie immer man die Dreieinigkeit darzustellen und zu erklären versucht, sie bleibt ein göttliches Geheimnis. Gott ist unerforschlich und unermesslich, seine Macht und seine Weisheit sind grenzenlos.
Schon früh haftete dem Dreieck etwas Magisches an, es weist auf eine Wirklichkeit hin, die jenseits unseres Begreifens und Verstehens liegt.
Die Dreieinigkeit lässt sich nicht beweisen, sie lässt sich nur anbeten und verherrlichen.

Nun aber bleiben
Glaube, Hoffnung, Liebe,
diese drei;
aber die Liebe
ist die größte unter ihnen.
1. Korinther 13,13

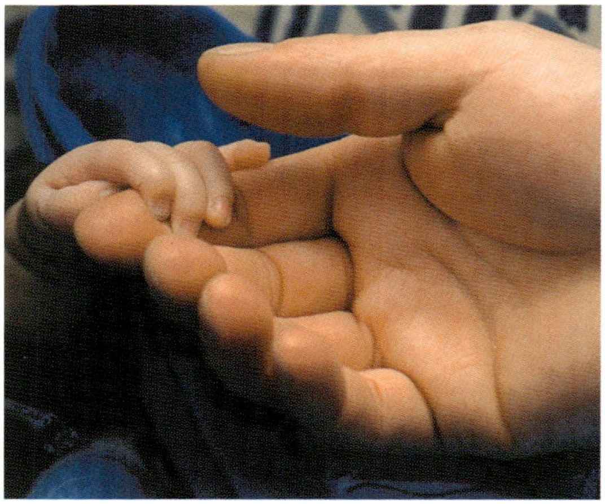

Die Hand

Gott behütet mich

Mit den Händen entdecken und begreifen wir die Welt, mit den Händen gestalten wir unsere eigene Welt. An der Hand der Eltern machen wir unsere ersten Schritte, beginnen wir unseren Weg in das Leben. Wir erfahren helfende und schützende, aber auch abwehrende und zerstörende Hände. Sie sind das Symbol sowohl der Freiheit als auch der Abhängigkeit unserer Existenz, sie drücken die Spannung aus, in der wir leben.

Im Mittelalter galten die gefalteten Hände, deren Innenflächen aneinander gelegt sind, als Zeichen der Unterwerfung des Vasallen unter den Dienstherren. Und wenn dieser mit seinen Händen die des Untergebenen umschloss, so zeigte das an, dass er den anderen in seiner Hand hatte.
Er herrschte über ihn, war aber zugleich auch für seinen Schutz und sein Wohlergehen verantwortlich.
In guten Händen zu sein, meint bis heute, gut aufgehoben und geborgen zu sein.
Zog nun der Herr die Hand von seinem Untergebenen ab, so war dieser schutzlos geworden. Er war frei, aber „vogelfrei“.

Im Hebräischen bedeutet das Wort für Hand zugleich Macht, sie ist ein königliches Symbol.

Israels König ist letztlich Gott und seine Macht ist grenzenlos. Er hat die Welt geschaffen und den Menschen geformt, er greift vom Himmel aus in das Geschehen auf der Erde ein. So zeigen es frühe christliche Darstellungen, wenn Gott Abraham beruft oder bei der Opferung Isaaks in letzter Minute dazwischengeht. Alles Leben kommt aus Gottes Hand und ist in seine Hände gezeichnet. Und wer von Gott ergriffen wird, der ist erwählt, der wird zu seinem Werkzeug.

Nach einer jüdischen Tradition verkörpert die linke Hand Gottes die Gerechtigkeit und die rechte die Barmherzigkeit. So wurde der linken die königliche Macht zugerechnet und der rechten die priesterliche Autorität. Im Namen Gottes segnet der Priester, legt die Hände auf und betet. Die zum Himmel erhobenen Hände zeigen die Demut des Betenden. Mose hat so für den Sieg Israels in der Schlacht gegen die Amalekiter gebetet.

Den frühen Christen galt diese Haltung als Hinweis auf Christus, der für die Menschen bittet. Die Kirchenväter erinnerten die ausgebreiteten Hände des Christus daran, dass der Mensch nach dem Modell des Kreuzes geschaffen sei.

Nach christlicher Vorstellung sitzt Jesus nicht nur zur Rechten Gottes, er ist auch die rechte Hand Gottes. Sie hat Menschen von den Gebrechen des Leibes und der Seele geheilt, sie hat sogar Tote zum Leben auferweckt.

In der Handauflegung ereignet sich der persönliche Zuspruch, sie wird zum Zeichen der Einswerdung und der Segensvermittlung.

Die erhobene Hand wie auch die aufgelegte Hand sind die beiden jüdischen Zeichen der Segensweitergabe. Aus der erhobenen offenen Hand der oströmischen Kaiser wurde die christliche Segensgeste.

Der Glaubende weiß, was er der Hand Gottes verdankt – sein Leben wie alles, was er zum Leben braucht. Gott öffnet seine Hand und sättigt alle Geschöpfe nach seinem Wohlgefallen.

Der Glaubende kennt aber auch die Situation, in der ihm alle Hände gebunden sind und er sein Schicksal in Gottes Hand legt. Er vertraut darauf, dass Gott seine Hand nicht von ihm abzieht, sondern dass er bei ihm in guten Händen ist und bleibt.

Von allen Seiten
umgibst du mich
und hältst deine Hand
über mir.
Psalm 139,5

Die Schlange

Ich lebe in einer gebrochenen Welt

Kein Tier in der gesamten Fauna wird so zwiespältig und widersprüchlich beurteilt wie die Schlange. Sie ist der Erde verbunden, bewegt sich kriechend auf dem Boden.
Sie lebt in dunklen Höhlen und gilt als Nachttier. Sie legt Eier wie die Vögel, deshalb ist sie zugleich auch dem Himmel verbunden.
In allen Religionen und Kulturen begegnen wir der Schlange, meist in der Spannung zwischen Erde und Himmel, Nacht und Tag, Tod und Leben. Ihr Biss kann töten, aber zugleich kann ihr Gift auch heilen.
Schon in Mesopotamien war der Äskulapstab bekannt, der zum Zeichen der Ärzte geworden ist. Die sich aufbäumende Kobra galt in Ägypten als Schutz vor Feinden.
Und in diesem Sinn erscheint sie auch auf der Krone des Pharaos.
In den Darstellungen der Märchen und Mythen werden Schlange und Drache oft verwechselt. Das mag daran liegen, dass der griechische Begriff für Schlange, Dragon, auch Drache bedeutet.
Beide gelten als die archaischen Mächte der Unterwelt und des Bösen.
Leviathan ist das Ungeheuer des Urmeeres, das die Welt bedroht und die menschlichen Urängste verkörpert.
Dem Symbol des Bösen wird das Symbol des Guten gegenübergestellt. In der Sprache der Mythen ist das der Löwe. Allerdings kennen die Mythen auch die Verschmelzung

beider Wesen zu einem Fabeltier, in dem sich nun Erde und Himmel, Gut und Böse verbinden. Die Schlange beinhaltet stets beide Aspekte, sie verkörpert jeweils eine der beiden Seiten, aber ebenso auch ihre Einheit.

Die Schlange gilt als Tier des Todes, aber auch als Zeichen der Ewigkeit. Das mag zum einen in der Häutung seinen Grund haben. Immer verjüngt sich die Schlange, sie stellt den Kreislauf des Jahres dar. Zugleich aber ist sie das Symbol der Ewigkeit. Und die Schlange, die sich selbst in den Schwanz beißt wird zum Abbild der Unendlichkeit.

In der Bibel tritt die Schlange als listige Verführerin auf, sie bringt über den Menschen die Sünde. Weil Adam und Eva auf sie hören, werden sie aus dem Paradies verbannt, die Schlange muss zur Strafe fortan auf dem Boden kriechen. Hier mag der Grund für die Feindschaft zwischen Mensch und Schlange liegen. Bei Mose trifft man dagegen auf die eherne Schlange; wer sie ansieht, der ist gerettet.

Als ein solches Heilszeichen war sie auch im Jerusalemer Tempel aufgestellt worden. Für Johannes wird die eherne Schlange gar zum Zeichen der Erhöhung des Menschensohnes. Jesus rät den Jüngern, klug wie die Schlangen zu sein. Schlangen am Fuße des Kreuzes zeigen die Überwindung des Bösen

durch Jesus Christus an. Allerdings gibt es auch die am Kreuzstab abgebildete Schlange, sie drückt das Heil aus, das vom Kreuz ausgeht.
Die spiralförmige Spitze des bischöflichen Hirtenstabes weist zum einen auf die eherne Schlange hin und wird so zum Heilszeichen, zum anderen aber soll der Bischof auch an die Klugheit erinnert werden, mit der er die Gemeinde leiten soll. Wie in allen Kulturen und Religionen verkörpert die Schlange in der Bibel wie auch in der kirchlichen Tradition beide Aspekte von Tod und Leben, von Sünde und Heil, von Erde und Himmel.
Der Physiologus, eine frühchristliche Deutung der Tiere, weist auf die Verjüngung der Schlange durch die Häutung hin. Genauso soll der Mensch „das Greisenalter der Welt“ abstreifen und verjüngt zum Leben streben. Und weil sie bei Bedrohung ihren Kopf schützt, aber den übrigen Körper preisgibt, soll auch der Christ seinen Leib wie die Märtyrer opfern, aber das Haupt, Jesus Christus, nicht verleugnen.

Die Ewigkeit ist wie ein Kreis,
Der in sich selber gehet,
Wie eine Schlange, die mit Fleiß
Auf sich gewunden stehet.
Ist wie ein Rad, das fort und fort
Um seine Well sich schwinget
Und doch nicht einen Ruck zum Port,
So lang sie währet, bringet.
Ach, ach, was ist die Ewigkeit?

Angelus Silesius

Der Regenbogen

Gott bewahrt seine Schöpfung

In den alten babylonischen Schriften tritt der Regenbogen als Zeichen des Zornes der Unglücksgöttin Tirana auf. Ganz ähnlich begegnet er uns in den apokryphen Schriften des Judentums. Als Geschoss des Zornes Gottes erscheint dort der Regenbogen. Am Vorabend des ersten Sabbattages, also am sechsten Schöpfungstag, soll er geschaffen worden sein. Allerdings habe Gott nach der Sintflut, deren Wasser aus den oberen Fenstern des Himmels kamen, die Sehne aus dem Bogen genommen. So ist aus dem Zeichen des Zornes und der Vergeltung das Symbol der Vergebung und des Friedens geworden.

In der Antike war Iris die Göttin des Regenbogens, die die Botschaften von Zeus und Hera zur Erde brachte. Wie Hermes trug sie Flügel, ihr Gewand bestand aus unzähligen bunt schimmernden Tautropfen.

Die eindrucksvolle Naturerscheinung des Regenbogens hat Menschen überall auf der Erde fasziniert, in Peru trugen die Könige sein Zeichen in ihrem Wappen. Sie haben ihn mit der Sonne in Verbindung gebracht, die sie als heilig verehrten. In den Märchen wird er mit Reichtum und Glück in Verbindung gebracht. Ein großer Schatz erwartet denjenigen, der zu dem Punkt gelangt,

an dem der Regenbogen die Erde berührt. Im Alten Testament gilt der Regenbogen als Zeichen des Bundes, den Gott mit den Menschen geschlossen hat. Nach der verheerenden Flut, die alles Leben auf der Erde zerstört, mit Ausnahme von Noah, seiner Familie und den Tieren, die er auf der Arche rettet, setzt Gott der Menschheit ein neues Zeichen. Er verspricht:
„So lange die Erde steht, soll nicht aufhören Saat und Ernte, Frost und Hitze, Sommer und Winter, Tag und Nacht.“
Die Sünde bleibt zwar in der Welt, aber immer wieder werden die Menschen an den Bund erinnert, den Gott mit ihnen geschlossen hat. Er bleibt bestehen, denn er gilt ewig.
An diese bleibende Bundestreue Gottes ist auch zu denken, wenn in frühchristlichen Darstellungen Jesus Christus auf dem Regenbogen thront. Dieses Motiv erscheint im Spätmittelalter wieder, dort ist es der Weltenrichter, der majestätisch auf dem Regenbogen Platz genommen hat. Es symbolisiert den neuen Bund, der in Christus mit den Menschen geschlossen worden ist. Himmel und Erde verbindet der Gottessohn, ein neuer Himmel und eine neue Erde erwartet die Christenheit mit seiner Rückkehr. So erscheint er dem Seher der

Johannesoffenbarung und so hat sich Gott zuvor dem Propheten Hesekiel gezeigt. Im Glanz des Regenbogens hat er die Herrlichkeit des Herrn geschaut.
Die Zahl der Farben wird ganz unterschiedlich festgelegt, meist auch die Zahl mit einer symbolischen Bedeutung in Verbindung gebracht. In China erkannte man fünf Farben, und die standen für die Verbindung der beiden Grundprinzipien Yin und Yang. Die christliche Tradition sah in dem Farbenspektrum die drei Grundfarben, aus denen schon Aristoteles alle weiteren Farben abgeleitet hatte. Die Christen sahen darin einen Hinweis auf die Dreieinigkeit.
Der mittelalterliche Gelehrte Gottfried von Viterbo deutete die Farben. Blau, als Farbe des Wassers, bezog er auf die Sintflut, aber auch auf die himmlische Herkunft Christi. Das Rot zeigt den zukünftigen Weltenbrand an und erinnert an die Passion Jesu. Grün dagegen weist auf die neue Welt hin und gilt als Farbe des irdischen Wirkens Jesu. Daneben kennt die christliche Tradition sieben Regenbogenfarben. Dabei ist an die sieben Gaben des Heiligen Geistes gedacht worden oder aber auch an die Siebenzahl der Sakramente, wie sie die römisch-katholische Kirche kennt.

Meinen Bogen habe ich
in die Wolken gesetzt;
der soll das Zeichen sein
des Bundes zwischen mir
und der Erde.
1. Mose 9,13

Das Christusmonogramm

Bekenntnis zum Gottessohn

In den Anfängen der Christenheit war die Scheu groß, Jesus Christus darzustellen. In den Katakomben wählte man das Bild des Hirten, um den Gottessohn abzubilden oder auch den lehrenden Philosophen. Daneben nahm man weitere Symbole, das Lamm zum Beispiel, bisweilen auch den Phönix oder den Fisch. Das Christusmonogramm ist mehr als eine einfache Abkürzung, es soll nicht nur auf Christus und sein Heil hinweisen, sondern es vielmehr vergegenwärtigen. Immer wieder wurde versucht, das Monogramm zu einem einzigen Zeichen zusammenzufassen.

In der Einheitlichkeit des Zeichens sah man den angemessenen Ausdruck für das Wesen Jesu Christi, in dem göttliches und menschliches Wesen zu einer Person verbunden sind.

In den ältesten Handschriften werden der griechische Anfangs- und Schlussbuchstabe von Jesus in IC zusammengezogen, wobei das C für das S steht. Eine Linie oberhalb der beiden Buchstaben, die Abkürzungstilde, fasst das Monogramm zu einem Zeichen zusammen. Daneben finden sich auch die Buchstabenkombination XC für Christus oder XPS, wobei das P für das griechische Rho steht, das lateinische R. Das Monogramm wählt also die beiden ersten Buchstaben und den letzten aus. Mag sein, dass die Zahl Drei als Hinweis auf Gott bei der Dreizahl der Buchstaben eine Rolle gespielt haben mag. Viel später trat die Kurzform IHS für Jesus auf, die sich in vielen Abbildungen erhalten hat. Auch hier sind die beiden ersten Buchstaben ausgewählt, wobei das H für das Eta steht, das im Lateinischen mit E wiedergegeben wird. Im Verlauf der Zeit wurde die Abkürzungstilde auch zu einem Kreuz umgeformt und die Buchstaben des Monogramms wurden als „Jesus, Heiland, Seligmacher“ gedeutet. Die Jesuiten haben dieses Zeichen zu ihrem Symbol gemacht und mit der Dreizahl die Gelübde von Armut, Zölibat und Gehorsam verbunden.

Als Zeichen trifft man das Christusmonogramm vor allem als Kreuz an. Bereits seit 200 ist das aus dem T, das für den griechischen Buchstaben Tau steht, und dem P für das griechische Rho kombinierte Zeichen für Kreuz oder auch Kreuzigen gebräuchlich. Vereinzelt mag auch die Kombination von X für Chi, als dem Anfangsbuchstaben von Christus, verbunden mit dem Rho als zweitem Buchstaben aufgetreten sein; bekannt und weit verbreitet wurde es aber erst durch die Verwendung durch Kaiser Konstantin. Maxentius war der letzte Rivale, der Kon-

stantin noch auf dem Weg zur Alleinherrschaft über das Römische Reich im Wege stand. Im Jahr 312 sollte es zur Entscheidungsschlacht kommen, die Milvische Brücke war der Ort, an dem beide Heere aufeinanderstoßen sollten. Konstantin ist seinem Gegner unterlegen, er braucht Hilfe, er braucht einen „Wink des Himmels“. Da soll er am späten Nachmittag am Himmel ein Kreuz gesehen haben, aus Licht gebildet. „In diesem Zeichen sollst du siegen“, war zu hören. Und nicht nur Konstantin erlebt diese Erscheinung, sein ganzes Heer soll Zeuge gewesen sein. Konstantin lässt das Zeichen des Kreuzes auf das Labarum setzen, die kaiserliche Standarte. So ziehen die Soldaten in die Schlacht, und sie gewinnen unter diesem Zeichen.

Das aus X und P bestehende Symbol wird zum Zeichen des Kaisers und zum Staatssymbol. Von nun an ist das Christentum die herrschende Religion im Römischen Reich. Man findet das Christusmonogramm ebenso auf Münzen, Amuletten, Krügen und auf Sarkophagen. Daneben wird gerne ein Taubenpaar abgebildet als Hinweis auf das ewige Leben, oder auch die beiden Buchstaben Alpha und Omega, die zum Ausdruck bringen, dass Anfang und Ende von Christus bestimmt werden. Auch das andere alte Symbol für Christus, der Fisch, wird gerne daneben gesetzt. Bisweilen werden auch das Zeichen für Kreuz (TP) und das des Konstantin (XP) kombiniert. Seit der Zeit des Kaisers Justinian wird das Christusmonogramm immer öfter durch das Kreuz ersetzt.

Im Namen Jesu sollen
sich beugen aller derer Knie,
die im Himmel und auf Erden
und unter der Erde sind,
und alle Zungen sollen bekennen,
dass Jesus Christus der Herr ist,
zur Ehre Gottes, des Vaters.

Philipper 2,10-11

Das Lamm

Für uns gestorben und auferweckt

Im alten Orient wie in der Antike war das Lamm das beliebteste Opfertier. Es galt in den frühen Kulturen als Symbol der Fruchtbarkeit. Berichte über die Opferung von Lämmern und Widdern sind aus Babylon und Ägypten bekannt, aber auch von den Hethitern, den Griechen und Römern wie auch den Israeliten. Dass Gott Abraham, dem er befahl, seinen Sohn Isaak zu opfern, in letzter Minute einen Widder als Ersatz gab, kann auch als Kritik an Menschenopfer gesehen werden, die in biblischer Zeit noch stattfand.
Mit der Opferung des Lammes, des Passalammes, lösten die Israeliten vor dem Auszug aus Ägypten die Erstgeborenen aus. Das Blut des Lammes am Türpfosten schützte sie vor dem Würgeengel, der von Haus zu Haus ging und die Erstgeborenen tötete. Währenddessen versammelten sich die israelischen Familien und aßen zusammen das Passamahl. Das Passafest gilt als das höchste jüdische Fest.
Nicht nur im Orient und in der Antike spielte das Lamm als Opfertier eine wichtige Rolle. Befindet sich in China neben dem Schriftzeichen für das Lamm eine Hand über dem Opfergefäß, dann bedeutet dies „die große Gerechtigkeit“. In der Bibel wird erzählt, wie am Versöhnungstag ein „Sündenbock“, symbolisch mit aller Schuld des Volkes beladen, in die Wüste gejagt wird. Als Opfer des

Lammes wird bei Deuterojesaja der Knecht Gottes bezeichnet. Der Unschuldige übernimmt die Sünde seines Volkes und wird sie durch sein Leid überwinden. Die weiße Farbe, und seine Duldsamkeit hat das Schaf zum Symbol der Reinheit, der Unschuld und der Demut werden lassen. Schon zu Beginn seiner ersten öffentlichen Wirksamkeit wird Jesus von Johannes dem Täufer als das Lamm Gottes, das die Sünde der Welt auf sich nehmen wird, bezeichnet. Paulus spricht vom Passalamm, das für uns geopfert worden ist. Am Vorabend seines Todes hat Jesus seine Jünger um sich versammelt, um mit ihnen das Passafest zu begehen. Dass Jesus während der Zeit, als im Jersalemer Tempel die Passalämmer geschlachtet wurden, am Kreuz starb, macht deutlich: Er ist das wahre Passalamm und zugleich als Opfer anzusehen, das ein für allemal gebracht wurde.Mit seinem Tod sind alle, die an ihn glauben, erlöst. In den frühesten Darstellungen des Lammes, werden Lamm und Abendmahlsfeier miteinander verbunden. Milch gehörte in der frühen christlichen Zeit zu den Symbolen des Abendmahles und soll ausdrücken, dass Christus Geber und Gabe zugleich ist. Das Symbol des Lammes findet sich auch auf frühchristlichen Sarkophagen und Grab-

steinen. Es gilt als Zeichen der Hoffnung, denn durch das Opfer dieses Lammes ist der Tod überwunden. Deshalb stand es schon früh im Mittelpunkt der Osterliturgie, mit der die Gemeinde den Auferstandenen feierte.
Auch die Märtyrer werden als weißes Lamm dargestellt, die das Kreuz der Nachfolge auf sich nehmend für ihren Glauben sterben. Als Attribut trifft man es bei der heiligen Agnes an, wobei das Wortspiel Agnes und Agnus für Schaf die Verbindung nahegelegt haben mag. Ebenso wird es der Susanna zugeordnet. In einem Katakombenbild wird sie als Schaf zwischen zwei Wölfen dargestellt. In einer apokryphen Schrift wird erzählt, wie sie sich gegenüber zwei verleumderischen Greisen durchzusetzen hatte. Das Lamm wurde als Symbol der Reinheit und der Demut gewählt, das zuletzt siegt.
Als in der Konstantinischen Wende aus der verfolgten Kirche eine Staatskirche wurde, änderte sich auch die Darstellung des Lammes. Nun wurde das aufrecht stehende und triumphierende Lamm vorherrschend. Mit der Zeit wird aus dem Kreuz die Triumphfahne. Als im Mittelalter wieder die Beziehung zwischen Lamm und Abendmahl wichtig wurde, spiegelte sich dies auch in der Kunst wider, zu sehen auf dem Genter Altar der Brüder van Eyck. Aus der Seitenwunde des Lammes fließt das Blut in den Abendmahlskelch.

Hier hängt das Lamm am Kreuz,
dort sitzts auf Gottes Thron.
Hier trägts den Dornenkranz,
dort eine Kaiserkron.
Hier ist es Untertan,
dort herrscht es über alle.
Hier tuts den Mund nicht auf,
dort redts mit hellem Schalle.
Hier weints und dorten lachts:
Drum tröste dich, mein Christ,
dass sich dein Kreuz verkehrt,
wo du dies Lamm nur bist.

Der Hirte

Christus führt durch das Leben und bringt mich in die Ewigkeit

In frühester Zeit waren die Menschen Nomaden. Sie zogen mit ihren Tieren durch das Land, sie lebten von ihnen, sie waren von ihnen abhängig.
Um jedes einzelne Tier hatten sie sich zu sorgen und es zu beschützen. Und was für den Hirten galt, das erwartete man auch von jenen, die Menschen führten.
Bereits die Sumerer, die älteste Hochkultur der Geschichte, sahen in dem König den von Gott eingesetzten Hirten. Und die Herrscher der Babylonier fügten dem Königstitel stets die Bezeichnung Hirte an. Zu den Insignien des ägyptischen Pharaos gehörte der Hirtenstab. Aber nicht nur die Herrschenden galten dem Volk am Nil als Hirten, sondern auch die Götter. Von Amun wird gesagt: „Kräftig bist du als Hirte, der sie weidet in alle Ewigkeit. Furcht vor dir ist bei jedermann, aber ihre Herzen wenden sich dir zu: Du bist jederzeit gut. Alle Welt lebt von deinem Anblick.
Jedermann sagt: Wir sind dein."
Wir sind dein, das sagen die Reichen und Armen, so rufen es die Gefangenen, so hört man es von den Einsamen, den Witwen und Kranken. Amun ist ein Hirte, der die Hungrigen zu den Wiesen führt.
Im Psalm 23, wird Gott als Hirte bezeichnet. Er sorgt sich um die Seinen, nährt und beschützt sie, geht mit ihnen durch das dunkle Tal und weicht nicht von ihnen, selbst wenn Feinde sie umgeben.

So spricht Israel von Gott, nie aber vom König. David ist wohl von Beruf Hirte, aber den Hoheitstitel Hirte führt auch er nicht. Nur Gott allein ist der Hirte.
Später, in der Exilzeit, wird dieser Titel auf den Messias übertragen. Er soll gerecht regieren und das Recht soll wieder im Land herrschen.
Zur Zeit Jesu war der Hirtenberuf in Misskredit geraten. „Kein Stand in der Welt ist so verachtet wie der Stand des Hirten", ist in den jüdischen Schriften zu lesen. Sie hatten keine bürgerlichen Ehrenrechte und ihr Zeugnis zählte nicht. Die ersten Zeugen der Geburt Jesu waren Hirten, dennoch bezeichnete sich Jesus als den Hirten. Er nahm den Hoheitstitel auf, der Gott vorbehalten war und dem Messias. Jesus Christus ist der wahre und der gute Hirte. Er sammelt die Zerstreuten, er richtet sie auf und bringt sie in die Ewigkeit. Dieser Hirte setzt nicht nur sein Leben für die Schafe ein, sondern stirbt für sie.
Nach seinem Tod und seiner Auferstehung geht der Titel an die Jünger über, wenn Jesus Petrus den Auftrag erteilt, seine Schafe zu weiden. Der Bischof hält als Zeichen dieses Auftrags den Bischofsstab in der Hand und die Seelsorger der Gemeinde werden Pastor genannt, die lateinische Bezeichnung für Hirte. Sie haben für die Gemeinde zu sorgen, den Verlorenen nachzugehen und Vorbild für die Herde zu sein. In der frühen

christlichen Gemeinde war das Bild des guten Hirten äußerst beliebt. Man malte sein Bild an die Wände der Katakomben. Jung, bartlos und schön sah er aus. Er führt die Schafe oder trägt sie auf seinen Schultern. So trägt er die Verstorbenen über die Schwelle des Todes zur Ewigkeit. Das Motiv des Hirten ist auf Medaillons, auf Tonlampen und Gläsern zu finden. Man stellt es nicht nur in Fresken dar, sondern formt auch Statuen. Erstaunlich, denn angesichts der Götterstatuen des heidnischen Umfelds verzichtete das frühe Christentum auf Plastiken. Die weströmische Kaiserin Galla Placidia hat mit einem Bild des Hirten ihr Mausoleum in Ravenna ausgeschmückt.
Ihr Hirte aber trägt statt des Hirtenstabes das Kreuz als Zeichen des Triumphes in der Hand, und statt des Hirtenrocks trägt er die kaiserlichen Gewänder. Dieser Hirte ist ein königlicher Herrscher. Er sammelt die Märtyrer im Paradies, sie werden zum Vorbild der Glaubenden. Das Bild des Hirten wird in der Folgezeit vom Bild des Gekreuzigten abgelöst, die Bedeutung aber ist gleich. Der Gottessohn stirbt für die Seinen, er ist ihr Retter und ihr Erlöser.

Was sollte ich mir Sorgen machen,
wenn du mich leitest, mein Gott.
Die Fülle des Lebens schenkst du mir,
glückliches, gelingendes Leben.
Und wenn ich auch einmal
auf schweren Wegen gehen muss,
wenn ich nicht weiß,
wie es weitergehen kann,
und ob da überhaupt jemand ist,
der mir zur Seite steht,
dann darf ich doch
darauf vertrauen, dass du
mich schützt und bewahrst.
Nie gibst du mich auf,
deine Hand wird mich halten,
keine Gefahr kann mich schrecken
und kein Tod wird mir
das Leben nehmen können.
Gott, mein Hirte,
dir vertraue ich mich an.
Amen

Die Taube

Zusage des Heiligen Geistes

Einem Irrtum verdankt die Taube ihre Existenz als Friedensbote. Die antiken Ornithologen waren der Auffassung, dass dieser Vogel keine Galle besäße. Und da die Galle nach allgemeiner Überzeugung als Sitz von Unfrieden und Streit galt, stand die Taube folglich für Sanftmut und Frieden.
Jesus pries ihre Arglosigkeit, so sollten sich auch die Jünger verhalten.

Als nach der Sintflut das Wasser immer weiter zurückging, sandte Noah zunächst einen Raben aus. Der fand aber kein Land. So erging es der Taube, die er dann fliegen ließ, auch.

Bei einem zweiten Flug aber trug sie einen Ölzweig im Schnabel. Sie hatte das ersehnte Land gefunden. So gilt die Taube auch als Symbol der Hoffnung. Nach der Zeit der Zerstörung und der Vernichtung gibt es einen Neuanfang. Gott wird mit den Menschen und der Welt neu beginnen.

Frieden, Liebe und Hoffnung, alle drei Begriffe kommen in dem Symbol der Taube zusammen. Sie ist das Zeichen der Friedensbewegung geworden und

das der Liebenden, sie hält den Ölzweig im Schnabel und lässt uns auf eine bessere Welt hoffen.
Und nicht zuletzt gilt sie als „Seelenvogel“. Sie schwingt sich nach dem Tod eines Menschen zum Paradies auf und setzt sich auf den Baum des Lebens.

In der Kirche jedoch spielten weder ihre angebliche Friedfertigkeit noch die ihr zugeschriebene Liebessymbolik eine Rolle. Sie ist das Tier, das den Heiligen Geist verkörpert. Die Evangelien beschreiben, wie sich bei der Taufe Jesu der Himmel öffnet und der Geist Gottes wie eine Taube auf ihn herabfährt. In der bildenden Kunst wird sie deshalb immer wieder als Verkörperung des Geistes dargestellt.
Daneben ist die Taube oft auch als Verzierung von Taufbecken verwandt worden.

Der Heilige Geist kommt zu uns, der Glaube ist sein Geschenk. Wir können über ihn nicht verfügen, wir können um ihn nur bitten.
Durch das Wirken des Geistes wird Glaube möglich, durch sein Wirken entsteht Kirche. Das Pfingstfest erinnert daran, es beinhaltet die Bitte um das Wirken des Geistes auch in unserer Zeit.

O komm, du Geist
der Wahrheit,
und kehre bei uns ein,
verbreite Licht und Klarheit,
verbanne Trug und Schein.
Gieß aus dein heilig Feuer,
rühr Herz und Lippen an,
dass jeglicher getreuer
den Herrn bekennen kann.

Philipp Spitta, EG 136,1

Der Weinstock

Aus dem Glauben leben – Gemeinschaft leben

Der Mythos erzählt, dass Dionysios den Wein erfunden haben soll. Dionysios ist der griechische Gott der Fruchtbarkeit und der Lebenslust. Aber der Wein ist viel älter als dieser Mythos. Auf sechstausend Jahre wird sein Alter geschätzt, in Palästina ist seine Heimat und selbst die deutsche Bezeichnung leitet sich aus dem Hebräischen ab. Seine heitere und bisweilen geradezu befreiende Wirkung wurde in allen Kulturen geschätzt, bei keinem Fest durfte er fehlen. Was ist eine Hochzeit, bei der der Wein ausgegangen ist? Wie kann da das Fest weitergehen?

In Kana hat Jesus, so erzählt die Bibel, eine Hochzeit vor dem vorzeitigen Ende bewahrt, indem er Wasser in Wein verwandelte.
Wo der Gottessohn gegenwärtig ist, da kann die Feier des Lebens nicht aufhören. Dieses Fest überschreitet die Grenzen, es reicht in die Ewigkeit. So gehört zu dem großen Gastmahl auf dem Zion, zu dem Gott am Ende aller Zeit einladen wird, auch der Wein.
Jesus Sirach sieht im Wein das Lebenswasser des Menschen. Bei den Sumerern ist das Zeichen des Weinblattes gleichbedeutend mit Leben.
Im Judentum wird sogar die Thora, die Lebensweisungen Gottes – mit dem Wein verglichen.
Selbst im Islam ist er ein Getränk der

göttlichen Liebe, der Seinsfülle und der Ewigkeit. Der Weinstock ist das Gewächs des Paradieses, das Adam und seine Frau aus dem Paradies mitnehmen durften, der Teufel aber hat diesem Getränk Unheil gewünscht, weshalb er bis heute den Muslimen untersagt ist. Allein den Auserwählten im Paradies wird es gewährt werden, sie werden den Wein, so erzählt eine Legende, dort mit Allah und seinen Freunden trinken, und es wird ein Wein sein, den man zwar reichlich trinken kann, der aber nicht trunken macht. Das ist die andere Seite des Weines, dass er nicht nur Lebensfreude bewirken kann, sondern auch Verderben. In der Bibel, in der Wein mehr als zweihundert Mal vorkommt, begegnen sich beide Aspekte.

Er kann Segen wie Fluch bedeuten, kann Ruhe und Geborgenheit schenken, aber auch das Gericht androhen. Dionysios, der „Erfinder des Weins", ist der Gott der Lebenden und der Toten. Dieses Getränk galt als sein Blut und an seiner Feier nahmen die Lebenden wie auch die Seelen der Toten teil.
Der Gedanke, dass der Wein eine Verbindung zwischen Mensch und Gott ermöglicht, dass dieses Fest religiös kultischen Charakter besitzt, ist in vielen Kulturen anzutreffen.
Als Weinstock Gottes wird in der Bibel Israel bezeichnet und so spricht Jesus auch von sich selbst.

Für ihn stellt der Weinstock im Gleichnis sowohl die Verbindung als auch die Verbundenheit mit ihm dar. Ohne ihn können die Seinen nichts bewirken, sie brauchen ihn, wie sie auch einander brauchen. Eine große Weintraube brachten zwei israelische Kundschafter aus Kanaan zu ihrem Volk, das aus Ägypten aufgebrochen war, um in die Heimat zurückzukehren. In dem gelobten Land erwartet sie ein paradiesisches Leben, so wie es ihnen verheißen war. In späterer Zeit wird die Weintraube mit dem leidenden Gottessohn verglichen. So wie die Rebe abgeschnitten und gekeltert wird, so muss auch Jesus leiden. Wie der Wein wird auch sein Blut ausgepresst und vergossen werden und es wird den Kelch der Kirche füllen.

Hildegard von Bingen schreibt: „Nun brachte die Erde, welche durch das Blut Abels vorher versehrt worden war, den neuen Saft des Weines hervor, und die Weisheit begann ihre Tätigkeit von Neuem."
Für die große Heilkundige war Wein auch ein Heilmittel. Es hat die Kraft zur Veränderung, es gewährt den Übergang zu einer neuen Lebensqualität.
Als Frucht, die aus der Erde hervorgeht, steht der Wein dem Brot nahe. Und wie die Reben gepresst werden, so müssen die Körner gemahlen werden.

Brot und Wein sind die beiden Gaben des Abendmahles, sie verbinden die Gläubigen mit dem gekreuzigten und auferstandenen Herrn, sie schließen die Christen zu der einen Kirche zusammen und lassen sie schon hier das Fest der zukünftigen Herrlichkeit feiern. Diesem Fest ist die Gegenwart Gottes verheißen; in dem gemeinsamen Mahl werden sie in das Geheimnis seines Wirkens hineingenommen.

Das frühe Christentum übernimmt die Bildsprache des Alten Testaments. Jesus ist der Weinstock und sein Volk der Weinberg. Es sind dies die Verheißungen, die für die letzte Zeit gelten, an denen die Gläubigen aber schon im Hier und Jetzt Anteil haben. Wenn auf den frühchristlichen Sarkophagen die beiden Kundschafter mit der Weintraube abgebildet wurden, dann sprach sich darin für die Angehörigen das Vertrauen aus, dass die Verstorbenen nun die Ewigkeit erreicht hatten.

Ich bin der Weinstock,
ihr seid die Reben.
Wer in mir bleibt
und ich in ihm,
der bringt viel Frucht;
denn ohne mich
könnt ihr nichts tun.
Johannes 15,5

Das Schiff

Die Kirche im Meer der Zeiten

Niemand weiß, wann sich zum ersten Mal Menschen auf ein Floß oder Boot begeben haben und hinaus auf das Meer gefahren sind. Vermutlich geschah das schon in frühester Zeit. An den Großsteingräbern der Jungsteinzeit hat man in die Oberfläche geritzte Bilder von Schiffen gefunden. Das Schiff ist Symbol des Lebens geworden, des Hinauswagens in unbekannte Gefilde und der Hoffnung auf Rückkehr. Die Fahrt mit dem Schiff wurde zum Gleichnis für den Übergang, letztlich für den Übergang vom Leben in den Tod. So ist es auf den Gräbern der Steinzeit zu deuten.
In der Antike haben die Menschen ihren Verstorbenen eine Münze in den Mund gegeben, um damit den Fährmann bezahlen zu können, der sie ins Jenseits bringen sollte.
Die Germanen haben diesen Brauch von den Römern übernommen. Die Wikinger bestatteten ihre Könige in Booten, diese wurden dann verbrannt oder sie blieben erhalten, wie ja auch Erd- und Feuerbestattungen gleichermaßen praktiziert wurden. Der Steven (Bug) wurde oft als Tierkopf gestaltet.
Einem Halbmond glichen die Barken der Ägypter. Mit einer Barke fährt die Sonne über den Himmel, sie durchreist den Tag und die Nacht. Diese Fahrt wird zum Gleichnis für das Werden und Vergehen, und so wie der Tag auf die Nacht folgt, wird es auch nach dem Tod ein Weiterleben geben. In der Nacht

durchfährt die Sonne das Totenreich, zwölf Stunden dauert die Reise. Sie beginnt anfänglich leicht und wird immer schwerer und mühsamer und droht zuletzt fast zu scheitern. Aber gleichzeitig verjüngt sich der Sonnengott und geht am Ende strahlend jung am östlichen Horizont wieder auf. Nach seinem Tod gehört auch der Pharao zu der Mannschaft der Sonnenbarke und verjüngt sich auf geheimnisvolle Weise auf jeder Fahrt durch das Totenreich.

Das Schiff als Symbol für die letzte Reise des Menschen begegnet uns auch im Christentum, wir finden sein Zeichen in den Katakomben und auch in den romanischen Kirchen. Oft wird das Schiff mit der Arche verbunden als Sinnbild einer Lebensgemeinschaft, die von Gott beschützt wird. Der Kirchenvater Cyprian vergleicht die Kirche mit einem Schiff und deutet den Chor als Kajüte, die Strebepfeiler als Ruder und den Turm als Mast. Der spanische Schriftsteller Lope de Vega sieht drei Masten, die er als Glaube, Hoffnung und Liebe bezeichnet. Im Takelwerk erkennt er die Passionswerkzeuge und die Fracht auf dem Deck ist das Heilige Grab. In einem bekannten Adventslied aus Straßburg wird dagegen die schwangere Maria zum Schiff, wenn es in der Übertragung von Daniel Sudermann heißt: „Das Schiff geht still im Triebe, es trägt ein teure Last; das Segel ist die Liebe, der Heilig Geist der Mast.“ In den Darstellungen wird bisweilen auch ein Leuchtturm der Abbildung des Schiffes beigefügt, der Kurs und Orientierung angibt, oder auch ein Anker, der als Symbol für Jesus Christus steht. Noch deutlicher wird der Bezug, wenn das Christusmonogramm eingezeichnet ist.

Den Jüngern Jesu blieb die Fahrt auf dem See Genezareth in Erinnerung, als die Fallwinde das Wasser aufpeitschten und das Schiff zu kentern drohte.
Sie haben Jesus als den erlebt, der selbst den Naturgewalten Einhalt zu geben vermag.

In den Zeiten der Bedrohung und Verfolgung, als die Christen sich in einem geradezu apokalyptischen Sturm wiederfanden, gab ihnen diese Geschichte die Gewissheit, dass Jesus Christus mit ihnen ist, dass der

Auferstandene seine Hand über das Schiff der Kirche hält und sie auch durch diese Flut führt.

Stürmische Zeiten gab es seitdem immer wieder, aber auch Jahre der Leere und der Gleichgültigkeit. Dass der Herr in allen Zeiten die Kirche bewahrt, ist christliche Hoffnung von Anfang an. Die zur Arche zurückgekehrte weiße Taube wird zum Hinweis auf die Hoffnung, aber auch das Schiff selbst kann zum Hoffnungsträger werden.

Das Leben in dieser Welt ist
wie ein stürmisches Meer,
durch das hindurch
wir unser Schiff
bis in den Hafen führen müssen;
wenn wir es schaffen,
der Versuchung der Sirenen
zu widerstehen, wird es uns
zum ewigen Leben bringen.
Augustinus

Textnachweis

Die Bibelzitate sind entnommen aus: Lutherbibel, revidierter Text 1984,
durchgesehene Ausgabe in neuer Rechtschreibung, © Deutsche Bibelgesellschaft, Stuttgart.

Wir haben uns bemüht, alle Zitate zu verifizieren und mit einen Quellennachweis zu belegen. Dies ist in einigen Fällen nicht gelungen. Wir bitten die Autoren oder Verlage dieser Textstellen, mit uns Verbindung aufzunehmen.

Bildnachweis

Seite 1, U4: Gerd Weissing
Seite 6: Bohdan Pomarzanskyj
Seite 9: Paul Schäfer
Seite 11, 14, 21, 38, 41: Peter Santor
Seite 17, 24, 37: © Sieger Köder
Seite 18: © Rosemarie Müller
Seite 19: Marc Chagall, © VG Bild-Kunst, Bonn
Seite 22, 42: Bildarchiv RODRUN/Knöll
Seite 23: Marc Chagall/Charles Marq, © VG Bild-Kunst, Bonn;
© ars liturgica BUCH-UND KUNSTVERLAG MARIA LAACH, NR. 5323
Seite 29: Gerhard Hausmann, aus: Glasfenstergeschichten - Botschaften der Bibel, © Henriettenstiftung, Hannover 1992
Seite 30, 35: Wolfgang Diederich
Seite 39: Marc Neufeld
Seite 40: Volker Rauch
Seite 45: C. Milde
alle anderen Bilder: Willi Kohlmann

Bildbeschreibung

Seite 11: Kirchenfenster Obersulm-Weiler
Seite 16: Betender St. Ansgar, Mälarisee, Schweden
Seite 17: © Sieger Köder, Schöpfung
Seite 18: © Rosemarie Müller, Die Schlange
Seite 19: Marc Chagall „Moses Stab verwandelt sich zur Schlange“
Seite 21: Kirchenfenster „Mose“, Berg Nebo, Jordan
Seite 23: Marc Chagall/Charles Marq, Am Anfang schuf Gott (Die Schöpfung, Tafel 2), St. Stephan, Mainz
Seite 24: © Sieger Köder, Sintflut
Seite 29: Gerhard Hausmann, Die Verklärung Jesu
Seite 30: Glasfenster „Himmlisches Jerusalem“, St. Nicolai-Kirche, Kiel
Seite 33: „Lamm Gottes“ Versöhnungskirche Taizé
Seite 35: Glasfenster „Durchzug durch das Rote Meer“, St. Nicolai-Kirche, Kiel
Seite 37: © Sieger Köder, Der gute Hirte (Ausschnitt)

www.agentur-rauhes-haus.de

Satz und Litho: DTP-Team Rau GmbH, Hannover
Schrift: Times New Roman
Druck: EuroGrafica, Vicenza, Italien

Die Schreibweise entspricht den Regeln der neuen Rechtschreibung
Der Umwelt zuliebe auf chlorfrei gebleichtem Papier gedruckt

ISBN 978-3-7600-1544-6
Best.-Nr. 1-1544-6